ENTRE ROSAS Y SOMBRAS

Una mirada a las dos caras de la vida desde lo más profundo

Joaquín Gómez Ricse

EDIQUID

ENTRE ROSAS Y SOMBRAS
Una mirada a las dos caras de la vida desde lo más profundo

Editado por: Corporación Ígneo, S.A.C.
para su sello editorial Ediquid
José Olaya 169, Ofic. 504, Miraflores. Lima, Perú
Primera edición, octubre, 2023

ISBN: 978-612-5112-60-6
Impresión bajo demanda

Hecho el Depósito Legal en la Biblioteca Nacional del Perú N° 2023-09666
Se terminó de imprimir en octubre del 2023 en:
ALEPH IMPRESIONES SRL
Jr. Risso Nro. 580 Lince, Lima

www.grupoigneo.com
Correo electrónico: contacto@grupoigneo.com
Facebook: Grupo Ígneo | X: @editorialigneo | Instagram: @grupoigneo

Colección: Nuevas Voces

Índice de contenido

Dedicatoria

Para mi madre, quien supo criarme mediante valores y serenidad ante todos los golpes de la vida; la fuente de mi inspiración.

Para mi padre, quien me enseñó a valorar las sombras de las rosas en la pradera; mi ejemplo a seguir.

Para Juan Diego, quien nunca dio un paso atrás en su lucha ni en la mía; mi hermano de armas.

Para aquellos viajeros y viajeras, quienes caminaron conmigo en los prados más pintorescos y los nevados más recónditos, juntos en un camino llamado vida: D, M, N, C, M, M, G, K, L, J, P, S, S, B.

Para todos aquellos que lidian batallas ante el sufrimiento, a causa de las grietas en el sendero.

Para aquella niña que, mirándose al espejo, no logra sepultar las penas infundadas por el tiempo.

Para los chicos con corazas de cristal, quienes son menos dueños del mundo que de sus almas.

Para todos quienes, cada día, afrontan con amor nuevas guerras en sus propios caminos. Para que sepan por fin, que no están solos.

Nota del autor

Siento que si escribo es por aquella indiferencia satírica a la vida real, o por el deseo de adentrarme en un escape más humano. Dicho fin hizo que rebuscara entre el arte y las letras, para así dejar atrás los traumas y los miedos que limitan a aquel ser de luz que creo que llevo dentro. Una parte de mí quiere ser uno con este medio tan pagano y a veces tan puro.

Puede que haya sido la consecuencia estridente de tantas madrugadas, de mirar al cielo y bajar mis hombros enseguida, resignado ante mi propio reflejo sin saber cómo hacer explotar mi espíritu. Todo sentimiento efímero, aunque poderoso, ha sembrado en mí un aura de impaciencia y de coraje, la cual es hoy el cimiento de mi escritura y de mi expresión. Tuve que sufrir para encontrar lo que anhelaba, y eso trajo a mí una enorme y valiosa lección de vida. Era mi destino conjugar, en este primero de tantos libros, la idea orquestada de que la concepción del bien y el mal, o el gozo y el dolor, son solo ilusiones de lo que llamamos «vida». De ahí viene su título, *Entre rosas* (para lo bueno) *y sombras* (para lo malo).

Y es que entre rosas y sombras aprendí a caminar, a dejarme llevar por el aroma de los pétalos recién crecidos, y a afrontar la oscuridad con decencia y esperanza. Un equilibrio que expone al guerrero a la batalla o hacia una guerra constante contra el pensamiento escondido, el cual fuerza el grito interno que ha desolado a tantos soldados y escritores. Entre ellos a Joqui, quien logró extraer de mis sustos y demencias el mayor fruto de deseo y rebeldía. Logró mantenerme en vida cuando ya habían muerto mis pilares y fantasías. Mi homenaje no sería posible sin su valor y comprensión, pues hizo que me viera al espejo y diese muchas vueltas sobre publicar estos fragmentos. Porque eso es lo que son: fragmentos, de un camino aún corto que se torna fantástico al explorarlo, incluso en la superficie. Joqui es el portero hacia mi mente y corazón. Igual de frío que la naturaleza humana, se niega a sentirse débil pero a veces tropieza. Gracias a ello es que nacen estos poemas.

Si desean gozarlos en conjunto como un poemario, deben preguntarse: ¿por qué le tenemos repudio a la debilidad? ¿Por qué miramos con ojo ciego a las verdades que nos muestra la tristeza? En este presente es un orgullo sentirnos vulnerables, porque la debilidad nos invita a conocernos, tal como lo hice yo. No aprendí a reír sin llorar, no aprendí a ganar sin perder, no aprendí a amar sin odiarme.

En este primer libro se encuentran desde poemas románticos y cartas de amor, hasta letras corrompidas por el dolor, la amargura, y el engaño. Intercalados, implícitos y desnudos, así como nos lo presenta la vida misma. Joqui dice que escribiendo, logramos liberar el fuego de los impulsos que por dentro nos carcome. Yo, sin embargo, pienso que lo hacemos para recordar los más intensos episodios del camino y aprender de ellos, a medida que nutren a los demás. Escribiré hasta el día en que me muera, pues sufrir es sentir y sentir es vivir. Nunca antes mejor dicho.

Finalmente, podré sepultar estas misiones espirituales al creer que plasmé en estas páginas un pedazo de mí, para el deleite de quienes no me conocen y para aquellos que creen conocerme. Espero que mi mensaje trascienda estas páginas hacia almas más puras y a reflexiones más plausibles. Pero, sobre todo, que sonriamos de forma más sincera (rosas) y valoremos las lágrimas cada vez que nos lleguen (sombras).

Joaquín

I. Serena

Serenas tus castas y rendidos tus ríos;
no seré yo quien peque de volver.
Incesante en mi futuro viaje.
Nostalgia impermutable.
Recuerdos en astucias.
De lado a los inocentes,
de frente a los culpables.
Atribúyeme tu llanto en 4 cantores:
3 de ellos en mi mañana,
2 en mis ojos traidores,
1 solo contra el mundo.
Mundo oscuro de luces violeta.
Serenas tus castas hasta en el amanecer,
porque ese mundo eres tú.
Eres tú, para mí,
todo lo que sé del amor verdadero.

II. Viento y marea

Mis guías son las brisas y el calor.
Muéstrame el camino a tu sendero de paz.
Te seguiré a viento y marea al ocaso del mañana.
Quiero verte a los ojos y decir que lo somos.
¿Pero qué somos?
Somos uno con el sol.

III. Rimas

Alambres en mis coronas,
sogas al cuello en mi bello mañana.
Vivo inspirado por vencer personas
que no luchan, no sienten, no ganan.

Mi suerte se derrama
y hace escombros mi lujuria.
Ansiedades adherentes como escamas,
no hacen más que avivar las penurias.

Inspirado entre salientes,
cohibido por el dolor de mi ausencia.
Seré yo mismo quien mire de frente
cuando cambie mi sangre por tu esencia.

Me guío en sonidos y mis pálpitos,
profundizo mi ser en ser fiel a tus pasos.
Mi calma son mis límites y sombríos son mis hábitos.
Quiero borrar con sonrisas lo que perpetúe con trazos.

IV. Sexo y sentidos

Besar es amar,
y es que hoy volví atraído por tu piel,
por tu gemir al son de mi agite.
Taquicardias placenteras.
Nuestras manos entrelazadas.
Siento tu fervor correr por mis ansias.
Mi cuerpo en estado más viril,
el tuyo hecho lagunas.
Somos lo que compartimos,
seremos lo que observamos.
Tu sexo es magia,
mi espera es condena.
Deseo el exterminio de lo efímero.
Noches satíricas.
Desconocidos y convergentes.
Noches de encanto
en las que tus ojos reflejan mis miedos.
Noches de pasión
que deseo sean eternas contigo.

V. Almas gemelas

Convivimos tanto tiempo.
Por fin encontré quien me resguarde
de los tétricos y fríos pasajes de mi vida.
Lentamente vuelvo a soñar tranquilo,
sin un ojo abierto ni los pelos de punta.
Puedo ser lo que desee
si tus fieles hombros frente a mí se preceden.
Hoy creo en el amor,
mañana seguiré amando,
después cesaré entre mis mismos poemas.
Y que sepas, por mi puño y letra,
lo mucho que te quiero.

VI. Siciliana

Hiciste de torres tus defensas,
de aledaños rocosos tus «lo siento».
Selecto a obedecer lo que dices y piensas,
pues desnudas mis temores y arrepentimientos

Soy el peón en blanco y sin recompensa;
tú, la reina que selló su alma al movimiento.
Diagonales sotanas que afilan las prensas,
Enrocan la piedra de mi último aliento.

Alfiles cuadrados y reyes en vergüenza;
tú, siciliana que te vistes de armamento.
Dame tregua con tus partes si sientes como tensas
mis armas y cuerdas que evitan a los muertos.

No pienso rendirme si apenas comienzas,
menos moverme y borrar lo que siento.
Con un paso al costado, quebraré tus defensas
y viviré de tu juego pero nunca de tus cuentos.

VII. Verdugo(a)

Tus labios rojizos que hechizan mis fauces.
Por brazos como los tuyos seré pecador.
Puedo verte cada tanto en mis fantasías,
pero serás mía al son de tu ocaso.
Porque eres fuego,
ceniza interminable,
dejando rastros de tus heridas en mi piel.
Serán carmesíes en contraste con tus rojos
o castañas como tus cabellos.
Tus pechos y tus carnes cesantes,
candentes y mortíferas,
que solo los valientes desean
y los débiles observan.
Tiento al azar por los nuestros:
nuestros labios,
nuestro secreto.
Pero tú
sigues hechizándome,
traicionándome poco a poco.
Me doy cuenta
que no podré escapar de ti,
mi demonio de ojos verdes.

VIII. Mírame

Mira mi dolor.
Sé que miras por mis ojos si no presto atención,
pensando en remordimientos y también en tu rencor.
Sentimientos que solo tú podrías cambiar por amor.
Mírame con tu pasión,
recordando que a tu lado todo irá mejor.
No me importa si es que eres solo otra desilusión:
la sigo disfrutando si se trata de los dos.

IX. Soberanos

Por siempre seremos,
clavando una estaca sobre la otra,
conquistando tierras y avernos.
Para vernos solo entre sombras,
amos de la dicha, presos de lo eterno,
pensando que la vida es corta.
Centellas brillantes en mis cuadernos
reflejan lo que mis bajos nombran.
Lineales mis ansias que calman mi encuentro,
incesantes de esperas que nunca se cobran.
Solo cobran vida en nuestro propio infierno,
esperando y viendo que el tiempo se agota.

X. Rosas y sombras

Entre rosas y sombras daré mis primeros pasos.
Paso a paso seguiré.

Aunque el pudor más pulcro recorra mi regazo,
ni a riendas tensas me rendiré.

Anhelo estos paisajes y el ocaso,
sobre mis letras las raíces del por qué.

Las hojas que brotan serán cómplices de trazos
de pasajes que solo en sueños viviré.

Arrancaré las espinas de un flechazo
¡y que crezcan flores a mis pies!

La sombra de mi corazón hecho pedazos
es la rosa que roza mi eterno placer.

XI. Penitencia

Con el vacío entre mis pulmones
respiro el último aire de tu lástima.

Las adversidades distantes te hacen marchita.
Te quedarás sola por corriente.
Serás de otro por codicia,
infértil por deseada.

Ausente por soberbia
y rendida por desprecio.
Sentiré, después, el pulso de mi enojo,
y romperé en cátedras coléricas.

Todas sobre mi ser y sus carencias,
esperando que vuelva a verte como la misma.
No te atrevas, siquiera,
a mirar los restos de mi angustia.

Pues darán sus pasos cesantes
en honor a tu adiós.
Tan ansiado y tan conciso
que los aires penitentes del futuro,

me alejen de ti
para siempre.

XII. Evangelio

Alabados sean mis versos,
versos que no dedico.
Tiento a los hijos y a sus nombres,
inmóviles y satíricos por envidia.
Estoy sediento de plegarias.

Bendito seré si el portón me lo permite.
Quiero volver y ser mi ser y mi universo.
Dar gracias por mis penas si se esconden.

Volteen hacia los santos y repitan:
«¡Dios está con nosotros!».
Incrédulos todos y ni uno más.
No hay más que el Señor sobre nosotros.

Mira los cántaros bendecidos
entre los diluvios de sus señas.
Someto la gloria a mi encuentro.

Dios te salve en la gracia
de aquellos que escuchan mis prosas.
¡El Señor esté con ustedes!
Y con mi espíritu escribiente.

XIII. Cruzadas

Tus ojos fijos que tientan al corazón
con el cantar de tus gestos que rinde placer.
Mientras más me acerco, hierve la presión
del inhóspito fuego que eriza la piel.
Convierte tu sesgo en mi traición,
hoy quiero verme como me ves.

Impuros deseos sobre la tentación
de cruzar miradas otra vez.
Ver en medio tu injusta perfección
que hace rendirme a tus pies.
Conviertes mi obra a tu elección
con mi esperanza de amarte después.

Versátiles los contras a mi razón.
Mis prioridades duermen de revés,
gritándole al cielo: «¡Así soy!»,
siempre envuelto en el «Tal vez».
Sé que pronto cederá tu corazón
y podré dar riendas a lo que ves.
Para pronto cruzar los labios en el son
del un, dos, tres…

XIV. Condesa de fuego

Condesa de fuego efervescente,
que floten los cuerpos en tus labios carbonaras.
Tus manos hirvientes,
sirvientes y frenéticas,
quieren quemarlo todo,
quemarme por dentro.
En tus poros radiantes,
observo la chispa de lo imposible.
El ardor de los pálpitos,
latidos que te dedico,
siendo mi luz en las sombras,
castiga nuestra chispa con lo efímero.
Me derrite el carmesí de tus pechos,
el calor sobre tu espalda
y la lava de tus bajos.
Condesa de fuego,
mi alma cae en tu juego
al ver el brillo de tus flamas eternas.

XV. Muerto

Ojos negros sin azules,
azules que ya no serán.
Mis manos temblorosas que cesan por fin.
Garganta seca y labios muertos.
Sentenciado estoy ante el ímpetu
de ser uno con…
¿Con qué?

De ser uno con las raíces de mi tierra,
con la luz de lo interminable,
pues ser efímero no es lo mío.
No quiero ser un cuervo
que reza por quedarse,
que vuela por su aliento,
y perece aunque pagase….

Quitarme todo no es debilitar;
he vivido así por siempre.
Con solo gramos tuyos,
sin piedad a mis anhelos
ni atención a mis penurias.
Y ya no lo soporto,
ya no lo soporto.
Pero hoy sonrío, pues sé que por fin…

Seré uno con las raíces de mi tierra,
con la luz de lo interminable.
¡O no! Tal vez es incierto
y esos presagios son engaños
orquestados por mi mala mente;
sola en sus últimos días
que aún no puede recordar tu adiós…

XVI. Una hora en Berlín

Las hojas nunca me resultaron tan blasfemas como aquellos días,
como en aquellas cuatro paredes,
como en aquellos lapsos interminables de poesía vacía,
en otra de las muchas rutinas tediosas del hombre.

Sigo perpetrado por el vacío de estas letras,
por la voz de la gruñona,
por los blancos lienzos cambiantes,
por las tablas de madera que sirven de consuelo.

Yo que siempre fardo de ser libre,
no podía evitar sentirme preso;
como otro caudillo del imperio,
como otro sueño y fantasía del alemán.

Si los muros caen, sería sobre este espacio
donde me privan de ser quien soy,
de escribirte más cartas y poemas.
Me siento encadenado al lápiz de alguien más.

¡Pero qué más da! Ni volviendo a nacer:
Tengo que esperar para salir de aquí.
mientras tanto, estaré cada semana,
a lo menos una hora en Berlín.

XVII. Round 1

Comenzaré este pesaje rezándole al tiempo,
por ponerme en un plano digno de mi amor al sufrimiento.
Entre tu odio y el mío aprendí a vivir el momento,
renegando por pensarte, pero no por lo que siento.

Pero el hoy es mi mañana porque no vivo el presente.
Estoy presente observando que, mientras más escalo, puedo caer más fuerte.
Y no me resguardo porque uno de esos golpes será de suerte,
el cual me devolverá la gracia afligida que sienten mis ojos al verte.

Seré tan audaz como un castigo merecido,
que penetra en tu rutina y no se esconde en el olvido;
porque haré de todo para que entiendas que soy un perro malherido,
que seguirá volviendo con el rabo entre las piernas mientras solo sueñe contigo.

XVIII. Falsa o piadosa

Sé que quieres marcharte,
dejarme rendido a los pies de otra.
Otra cualquiera
que, según tú, solo será
la rastrera sombra de tu grandeza,
de tu calor fortuito.
Pues sí eres única
y te aprovechas de los brillos que
dejas en cada viajero,
en cada intento de hombre sin orgullo
que solo tiene ojos para ti.
Para tu cuerpo encelado.
Tus aires coquetos.
Tu sexo intrigante de noches blandas
de sabanas surtidas
en camas paradisíacas.
Que hoy son más espaciosas
por tu maldito afán de tentarme.
De tentarnos a nosotros,
quienes te vemos crecer al hacernos morir.
Tus fieles cobardes,
tus amantes clandestinos,
tus amores más piadosos.

XIX. Mirei

Mirei nunca me escucha
y estoy exhausto hasta mis fauces
de plegar entre mis cabales por
un gramo de su cariño y su paciencia.
A veces, fácil como azucena;
otras, hiedra por hostil.
¡Y sí! Soy yo quien dictamina sus carencias,
con una de sus almas sentada a mi lado.
Leyendo un pasaje ambiguo de Vargas Llosa,
pero no más ambiguo que sus ganas,
su indiferencia,
su amor pasajero,
sus ojos hirientes,
que siempre juzgan sin ser juzgados,
pero acarician sin ser premiados.
Yo solo sé que la quiero
y no hay nada que no haría por ella.
Pero también sé que soy terco,
por escribirle y seguir ignorando,
que en cualquier momento volteará,
y descubrirá al desnudo lo más puro de mi arte,
Así conocerá por fin
al verdadero yo.

XX. Complejidad

Con esto en tus manos, lograrás conocer el esteticismo verbal,
la gran crudeza cronotópica en mi ser que emana
paronomasias.
Pensamientos endebles que viajan del amorío hasta el vacío de
lo astral,
convirtiendo lo más incógnito en la simpleza irreal de la magia.

Los fragmentos de mi ser se asfixian en una forma de expresión
letal,
banal pero efectiva en su afán de relatar y conmover las áreas,
para transportar a los abruptos tiempos en momentos sinigual
y que alaban todos mis versos hasta darle las más sinceras
gracias.

No es por sentir el escaño literario entre algún rostro comunal,
porque mi función esotérica es mucho más que una falacia.
Pienso escribir sonatas hasta en mi lecho piramidal
e irme de estas tierras sagradas con amor, fuego y ansias.

XXI. Renacer

Dos días que no nos vemos.
No te oigo,
no te siento.
Y logré levantar la mirada
entre tantas gotas injustas.
Pero sé que
esta vez no tocarte no es tan frívolo.
Ya no es tan cruel
ni tan conciso.
Pues hoy aprendí a quererme
más de lo que te quiero.

XXII. La que duerme

La que duerme sintiéndose sola,
mirando el matorral por la ventana.
Su expresión ya soñolienta se lo impide.
Esos rasgos fruncidos y enojados
perpetúan en mí como un arpón.

No está conforme con el fin del hermoso lapso,
del descanso y el sueño que le dio la vida.
menos aún con mi presencia,
que ha de ser nutritiva en ocasiones
y desesperante en otras varias.

Sigue esperando que deje de maniobrar
tanto mi lápiz como mis labios incesantes,
que tienen ganas de seguir escribiéndole.
espero no interrumpir su catarsis esta noche
y no ganarme a pulso un retumbe de su ira.

Oh, la que duerme, siga durmiendo que aún no llegamos y el bus no va a detenerse,
al igual que mi deseo de seguir escribiendo.

XXIII. Riveras

El sol sobre los frentes
solía verlo como embustero.
Pero hoy se acompañan entre olas y sirvientes,
creando un calor como el tuyo tan sincero.
Estaba sintiendo mis mayos como diciembre.

Muy elocuente los cariños de los mismos roperos,
con una energía que me hacía sentir diferente.
Ese poder creciente de vivir como quiero,
entre vestidos blancos y pieles candentes,
quieren volverme adicto a lo que sé que es pasajero.

La única rivera que me importa es la que yace en tu vientre,
liso y bronceado en contraste al sendero.
Sobre arenas y vientos acaté mis dolientes
y mis hermanos entre brazos se abrieron,
por los jugos sustanciales que los ponían inconscientes.

Que pasen los cántaros como abrevadero
por las noches en las que pude gozar eternamente.
No entre sábanas ni puros embusteros,
sino entre saltos y bajos prepotentes
que reflejan por mis ojos lo que más quiero.

Ahora solo son recuerdos de vidas emergentes
que encontraron el gozo de paraísos rumberos,
con cenizas y sorbos de cálices hirientes.
Volver a ese destino es lo que más espero,
cerrar los ojos y quedarme ahí para siempre.

XXIV. Ah-Sar

Doy gracias siempre al azar,
por haberme encaminado a tus brazos,
como alma pasajera que el destino eligió para mí.

Quien diría que tres años como hojas pasaron,
haciendo de mi suerte un obsequio,
una recompensa por mi forma de quererte.

Aprendimos que los azares también traicionan:
fueron aquellos quienes infligieron las lágrimas en los tiempos de playas,
donde luchabas por ser con los demás la que eras conmigo.

Cuando los años nos pisaron como hiedras,
tú supiste florecer como ninguna,
y yo fui feliz al ver crecer el prado de tu calma y pureza.

Hoy es el azar quien me hace escribirte
y recordarte los caminos que pasamos juntos.
Pero, sobre todo,

que siempre estaré a tu lado.

XXV. Ansiedad

No se cansa de corroer
ni de ser insólito su paso entre mis venas.
El tembleque inverosímil,
rebelde y vulgar,
simplista y descarado,
de las linfas cursantes más crueles,
intensas como ningunas,
incesantes a voluntad ingrata.
Y me tocó ser a mí
el marinero solitario entre estas aguas.
Más piedras que ríos,
más llantos que ansias;
lo que me hace desear reposar al fin
y no ser partidario nunca más.
Del miedo que hacía sentir,
el horror somático por expresar
y la pena inmensa del desenlace
que recubre mi vida con el ocre en mis temores.
Lo blanco en mis pensamientos
y lo gris del resto de mis días.

XXVI. A lo lejos

Estoy desolado bajo la ventana,
arrimando los libros sobre la mesa,
despejando la vista por esas frías
manos que a lo lejos maniobran
y recorren los chales hechos carnes blancas
que colindan con tus labios y tus perlas.

Pero no es lo que emana por mis ojos lo que cautiva,
sino el saber de tus facultades hirientes;
involuntarias bellezas que enamoran a tu servidor.
A lo lejos, la admiro como mi último ocaso
y de cerca soy cobarde.

Y es que aún no me atrevo
a fomentar en el aire la nueva casta de mi amor,
que titila a lo lejos desde su insurgencia.
Desde que volteé la mirada por primera vez,
siendo hechizado a la distancia
o maldecido por no poder tenerte.

Lo que me atrae son tus cruzadas,
tu forma de tocarme con tus vistas,
de hechizarme a lo lejos
siendo tan hermosa pero indiferente.
Y yo preguntándome si alguna vez
seré quien provoque los disturbios en tu ser.

¡Y prefiero olvidar! No solo las direcciones
sino los caminos a tu encuentro.
Cerca o lejos sigue siendo inalcanzable.
Sigues siendo un pedestal fortuito
que brilla más cada día
y opaca cada vez más en vena
el amor inútil de este pobre escritor.

XXVII. Lágrimas

Tentar con miedo a la temprana,
sola con el furor del destino,
débil y vistosa por la belleza que emana,
esperando que nadie cruce en su camino.

No puede evitar pensar
en las garras de aquel sucio dictador,
que solemne priva de toda libertad
el respire de sus aires de señor.

Que bajen los zancos como lágrimas,
que salten en mi haber los despojos.
El dolor se torna en lástima
que hoy se refleja en las lilas de sus ojos.

Prefiere morir que vivir con sus nervios
y pendiente a quien la observa por siempre.
Obligada a sufrir en silencio,
desea no haber nacido penitente.

XXVIII. Represión

Juraría poder sacar de mis fauces el deseo
reprimido de acercarme a las cúspides brillantes.
Tirites de sonatas y melodías más puras
que tientan a los más grandes hasta destruir su ilusión.

Cual si fueses un trofeo bañado en perlas varias,
excavaré en el último rincón de los geranios,
hasta ser diamante en tu presión;
precioso pero exclusivo de tu amor.

Seré candente y discreto una vez más,
espejismo de tus aires y tus ríos traicioneros.
La fuente de mi adoración,
rogando por un disparo de esos luceros reinantes.

Pero una vez más a las puertas,
observando de fuera los escaños de mi fortuna,
mis más grandes tropiezos
que recaen en perderte otra vez.

XXIX. Envidias y amoríos

Prefiero quitarles todo
y no arrepentirme de nada.
Ni del sufrimiento ajeno
del placer propio que me llena.
Ver párpados destruidos en sequías
endebles y moldeables a un amor
falso y engañoso a morir.

Prefiero ser odiado hasta por mí
que amado por esos embusteros.
Caras dobles de sellos corrientes
que no hacen más que tratarme como un Dios
a quien no le importan los suyos
y menos aún el mismo.

Prefiero la muerte en los planos eternos
que el infierno en vida que encamina mis penurias,
haciéndome sentir lo que no quiero y
sufrir lo que no puedo.
Todo por la codicia y enfermedad del no amar,
y más aún del no ser amado.

XXX. Tiempos marchitos

Hacen falta curas al pasar del tiempo,
quien no perdona las fraguas cambiantes.
Hecho un demonio que vuela lento,
volviendo fortuito el recuerdo del antes.
Qué paradoja mi impotencia en mi templo,
deseos que a veces encuentro incesantes,
que hacen mis latidos constantes,
y fraguan en engaños marcando momentos.
Que muestren en unos lo que está delante,
al son de mis rencores y lamentos.
Hoy sé que mi vivir no es de campantes
sino bufones que viven del cuento,
frenando verdades al decir «lo siento».
Siento en mis penas las brasas gigantes
que queman los versos de arrepentimiento,
capaces de redimirme en un instante,
marchitando hasta mi propio tiempo.
Que hoy es solo un recuerdo delirante
de corrientes que deterioran por partes
los endebles quiebres de aquellos encuentros.
Que sacan lo peor de mí y lo guardan en instantes,
pues solo sé vivir en recuerdos hambrientos,
como un paraíso en deslices y pasantes
y libre de todo menos de lo que siento.

XXXI. Simple

Desde el primer momento en que te vi, lo supe. Sabía que había encontrado el resguardo de mi seguridad, el futuro aroma de mi calma y la persona que sería la fuente de mi felicidad desde aquel momento. Como si el destino lanzara una moneda, caíste en mis brazos, haciéndome conocer tus distintivos poderes. Ambas fases de una belleza sinigual, de unos ojos esmeraldas y el temple de una reina. Quién diría que sería ella quien enfrentara mis demonios y aguantara los golpes de la vida por mí. Quien dejaría de lado cada fibra indiferente y la remplazara por gotas de cariño y comprensión. Como símbolo de agradecimiento, te escribo (y no un poema), dejando por primera y única vez de lado el estilo lírico que me caracteriza, lleno de paronomasias y metáforas, para solo expresarte de la forma más simple lo mucho que te necesito.

XXXII. Ingrato

Puede que sea finalmente el preso
el alma más libre entre los hombres,
al resguardarse con sí mismo,
sofocando entre luces y traidores.
Y en el aroma de quien vive,
a rastras de su sombra y de su pena,
por estar inconforme al puesto asignado,
al plato tan vacío de los pocos recuerdos.
El efímero instante de tomar aquellas manos,
cuales como madre son calmantes;
piadosas y solidarias ante los enfermos,
sin cura en esta fosa agria y maltrecha,
que nos condena a mirarnos por siempre.
Y evitar que nos toquemos,
para que se vuelva sensato y justo,
que no tenga hoy nada que agradecer.

XXXIII. Alguien una vez

Alguien una vez me miró a los ojos
por primera vez de forma sincera.
E ignoró en mi haber todo quiebre rojo,
para mostrarme la crudeza verdadera.

Supe tomarlo, aunque penoso,
desprevenido como mi vida entera.
Recibir el amor y la piedad entre trozos
es el pecado de la herencia que me queda.

Puede que acabe malherido y solo,
por confiar en quien no sabe de mí ni de mis penas,
pero desea erradicar este cerebro lleno de antojos
y este corazón tendido ante seres de tercera.

Pero, aun así, aguardé silencioso
por la intriga de entender el «por qué» de la espera.
Y es que alguien una vez me dijo ansioso:
«Terminaras amándolos aunque a veces no quisieras».

XXXIV. Parte

Sigo sin sentirme parte;
quiero partir para sentirme
parte de algo más grande,
que me haga sentir hasta partirme.

Porque en mi senda te perdiste
y yo te perderé sin darme cuenta,
para que cuentes cuánto cediste
y cuánto perderás sin tenerme cerca.

No me busques si te asusto:
sustituye esas manos que buscaste.
Yo buscaré otros miedos y tiempos justos,
y ya no me encontrarás donde me dejaste.

Fallaste para un castigo del ejemplo,
me castigaste a fallar ante tus placeres.
Fuiste mal ejemplar del sentimiento
y yo castigado por una de muchas mujeres.

XXXV. Ignorado

Ignorado a pesar de tantas vidas,
que comieron de mi mano ante lo más oscuro.
Sirvieron en mi ayuda y hoy me dejan tendido,
cual la tela pesada de los cuartos vírgenes,
donde pasé noches y días pensando,
como un títere de mi ansiedad y mi impaciencia
que predecía el más pulcro de los destinos.
Con un yo en pedazos cuestionando la calma,
tan arrogante y traicionera que brindaba.
Tanto la paz como las querellas;
entre ellas los fetiches de la mala suerte
encarnados en dirección a los amores fallidos de mi historia.

XXXVI. Límite

Ojalá que en estos tiempos compactos,
entre choques y diluvios de ira,
pueda encontrar el cesar de tus cabales,
como un tulipán recién crecido
y un manto de mi madre recién bordado.

La enfermedad que incinera toda esquina
es la misma que despeja mis penurias,
y las vuelve afluentes de los charcos más preciosos,
que anhelan embocar en el mar de tus caricias
o el cielo que esconden tus ojos.

Como otro remador en pérdidas y escapes,
sanaré los cortes de mi viaje con placeres.
Inmundos placeres prohibidos
que, con piedad, ofrecen lo que después absorben
y dejan al marinero maltrecho y herido.

Cual si fuese un recuento de mi vida,
espero quemarme hasta que todos lo sepan;
cuando todos me miren como un inaudito y deshonrado,
por seguir buscando tus consuelos
en mi mundo vacío condenado al sufrir.

XXXVII. Ausencias

Por cada una de ellas bajo la mirada,
hablo de tus ausencias,
de tus molestas visitas amargas,
con las que alimentas el odio escondido
que sé que llevo dentro.

XXXVIII. Desenlaces

Hice de mí lo que siempre quise,
a pesar del enredo de mis culpas
y de los desenlaces grises,
que prometo no volver a vivir nunca.

Pues sé que iré hasta la tumba
solo con fragmentos felices,
Resguardados bajo otras fundas,
que harán saltar mis carnes y lombrices.

Y trato de dejar atrás lo que me dices,
cual si fuesen tropiezos y penumbras,
como un mal que atenta ante mis raíces,
haciendo que olvide y te cante otra segunda.

Será mi historia aquel cuento que infunda
el bien y el mal hasta hacerlo matices
de un mundo que a los vivos inmunda
y a los muertos que amamos dejan cicatrices.

XXXIX. Ojitos lindos

Como perlas incrustadas,
relucen tus ojitos lindos,
brillantes y llenos de almas
encerradas entre ambos cerrojos.
Puertas al paraíso,
marrones claros como andenes,
entreabiertos como mi corazón.
Mendigo de unos guiños coquetos
que solo tus ojitos lindos poseen.
Y yo sé que daría mi mayor sueño
por mirarte al sonreír, amando.
Cada fibra de esos cristales malditos
que son mi castigo perpetuo,
hermosos y crueles como nadie.
Solo quiero mirar mi reflejo
en los cristales de tus ojitos lindos,
que me hechizan más cada día
y quiero que me alumbren cada noche.

XL. Química

Mis pálpitos como reacciones,
haciendo de nuestro amor un compuesto,
con la mayor de las noblezas,
pensando en irradiar tus masas,
el querer de cada uno de mis átomos.

Deseo evaporarnos en el viento,
para volver a un estado maleable entre risas
y lloros que incineran mis capas humanas.
Pues mi cariño no se mide en niveles
sino en energías que con tus labios cambian.

Quiero ser la fórmula de tus sueños más lúcidos,
el enlace entre tu cuerpo y mi alma.
Quiero apagarme en tu órbita,
seguir en mi nube y morir sublimado,
siempre emitiendo una luz de esperanza.

Cual espectro cambiante,
buscaré el equilibrio entre tus penas y mi calma,
que sea la base ideal para tus recuerdos ácidos.
Solo quiero amarte sin presiones
y decirte cada día que eres oro puro.

XLI. Escondido

Entreverado y arrimado
a las tantas fuerzas que me quedan.
Las cargo como diosa de camino;
cada vez menos siento el olor a escombros
y a hierba recién cortada.

Yendo al acecho como un león,
desprotegido aunque seguro,
olfateo el peligro a lo lejos y recurro
a mi ser que anula miedos y chances
para seguir avanzando entre las sombras.

Y de por medio, un destello que me atrae
cual penitencia en lapsos clandestinos,
que debo ignorar para no perderme,
pues me guían las huellas y los charcos
de un sendero que abandona toda luz.

XLII. En tragos

Solemnemente te advertí,
del deseoso éxtasis de las fuentes paganas,
que te alejan de todo consciente
y te hacen pecar de irresponsable.

Sin nadie a quien querer,
sin nadie a quien esperar por consuelo,
con las arcadas macabras
detonando en tu interior,

Que la mezcla de dolor y pena,
como blanco y negro en tus ojos,
descifre el ardor de tus cargas
que se apagan en tu ser.

Con el sueño compartido del sosiego
y de la rendición que marca el fin de una noche.

XLIII. Cabellos

Estoy perdido en mi esperanza
y seré inmortal por siempre,
por el deseo de dormir junto a tus cabellos.

Mortal la angustia de dormirme
sin contar tus cabellos de esperanza,
donde estoy por siempre perdido.

Por la natura en sus cabellos,
vi pasar mis días perdidos
en la esperanza mortal del «juntos por siempre».

XLIV. La dama de grises

Desconsolada en su vestido gris,
observa el final sin precedentes,
del más fiel de sus amores,
por el que llorará cántaros en vena.

Marca casi la media noche
y el gris se torna más oscuro,
como la sombra de quienes fueron
las almas de los amantes moribundos.

Ahogando el poco bien entre botellas,
espera el mañana con enojo,
cual perdigón se incrusta su quejo
en los ojos de aquel que escucha sus lloros.

«Dormirán tus sufrires en mis palmadas»,
dijo él mientras la abrazaba por detrás,
esperando que note en el consuelo,
el blanco amor de un nuevo amante.

XLV. En mi vida

Recorrí lugares hoy ocultos,
entre las páginas de libros como este,
retratados en el pasar de los años,
como las canas más ambiguas
y los charcos más resecos.

Extraje la enseñanza como cuenca de criador.
Ahora camino descalzo por el mundo,
sintiendo el neto aroma a futuro y muerte,
el cual desespera pero emociona,
e impulsa al culpable a seguir caminando.

Inventando el sosiego en mi propio caos,
sin mirar atrás ni por un segundo.
He tocado fondo varias veces,
como paso en falso en su sendero
que puede corromper el rastro de mi vida.

Como líneas rectas y suaves,
avanza mi vida en tres compases.
Hacia un as fortuito en el tiempo,
que me condena con fuerza y lentamente,
a seguir confiando en mí.

XLVI. Perdón

Perdóname hijo,
por mirar por encima cuando toque fondo;
por no creerme menos que el látigo y los jalones;
por volver a ver con amor a quien me despreció por tanto.

Perdóname pequeño,
por arrastrar el tembleque de mis nervios hasta tu hoguera;
por no escudarme de los malos inicios;
por sentir y llorar antes de haber pensado.

Perdóname amigo,
por insistir en esa horda de hienas que carcome lo único en mí;
por no soltar cuando me apuñalan frente a frente;
por ser solo una semilla en el campo de azucenas.

Perdónenme ustedes,
por dar más de lo que recibo;
por ser más de lo que creen los que no me importan;
por amar a cualquiera menos a mí.

XLVII. Falsos y falsos

Falsos y falsos algunos poemas,
pero no tan falsos como tú.
Y esa sonrisa felizmente agónica
de tus pasos más oscuros.
Y es que aprendiste de mí a vivir solo,
solo y contigo,
pero nunca para ti.
Para tus entrañadas esperanzas
o el calor de una mano amiga,
la cual perdiste por mirarme con desprecio,
odiando a quien una vez
te quiso de verdad.

XLVIII. Round 2

Ahora que vuelvo, marco mis pasos en otra dirección,
esta vez sin tus gritos o tu sentido del falso amor.
Espero recurrir menos a mis manos y más a mi corazón,
para que libre con pureza lo que la violencia destruyó.

Me sentí herido por alguien a quien no le importó mi tristeza.
Complejo de bruja en sábanas de princesa,
que hizo dar vueltas esta lapicera en mí misma cabeza,
haciendo ver que los años pasan pero no son lo que más pesa.

Lo que más pesa es el sentimiento de un lazo roto en mil pedazos,
ese mismo que juraste sostendría tu cuerpo en sus últimos pasos.
Mirando al cielo y a Dios riendo por un pobre payaso,
que ahora camina solo como un ente condenado al rechazo.

XLIX. Tres Marías

Si acaso lo entendía,
era faltándome el respeto
a mí y a mis agonías,
que imploraban que me quedase quieto.

Esperar a ver si el amor florecía,
pero solo daba frutos secos
y se rodeaba de más sombras que alegrías,
porque la vida es ahora más que un reto.

Deseamos encontrar simetría
sin saber qué son los cuartetos.
Perdón, son solo netos delirios de mi poesía,
como tres Marías y dos sonetos.

L. Línea amarilla

Como contendor inmerso de noches injustas,
me condeno a ofrecer libras por transporte;
por ningún aviento de aquellos sensibles,
excepto de aquella amable de ojos verdes.

Sin estrellas como distracción
o lunas de cántaros que aún mucho lagrimean;
sin disuasores de mi culpa y de mi pena
que hagan que valga la pena mi viaje.

De trasnoche hasta insomnio tambaleo
el limbo magnifico de la línea amarilla;
o de señales que me rodean luminosas
y me apuntan como inocente aunque culpable.

Que sosiegue el rumbo efímero
al alejarme de la bebida y la confusión.
Una noche que se hace más noche,
por lo tétrico de mis versos de carretera.

Pasaré de las carreras y los baches,
a solo pensar en el inminente destino.
Pero no olvidaré esta soledad colérica,
fuente de mi inspiración y de varios poemas.

LI. Erróneo

Sé que está mal pero
mi mente no hace más que confundirme
e incitarme a seguir siendo
solo un títere de los labios ajenos.
Mi corazón entiende el camino,
pero solo sé sucumbir ante el placer del resto,
cuales voces de demonios internos,
que me dicen que me aleje
de esta idea errónea de nuestro falso amor.

LII. Carola

A pesar de mis augurios, estoy bendecido
por aquella serena de ojos semicerrados,
que supo encontrar en mí un amigo,
salvando a otro escombro perdido entre tornados.

Pues me he tornado en favor a sus sentidos,
como calores y vientos de aquellos prados,
que solo con ella siento como cantares vivos
de una unión de seres bellos y condenados.

Agradezco cada mañana por su amor incomprendido,
como semillas de un edén recién regado.
Son la armonía de unos cuantos pasos seguidos,
que me hicieron muchas veces salir del pecado.

Aquel posible encuentro de cabos tuvimos,
el cual por otros dejamos de lado.
Ojalá me perdones por no acompañar a tu vestido
con un baile eterno de cuerpos aliados.

Dados los hechos de un tiempo corregidos,
sigo sintiéndome dichoso y afortunado,
de que los años vuelen como dardos perdidos
y yo me encuentre aún bendecido por tenerte a mi lado.

LIII. Cortejo inanimado

Si ser directo me aprisiona,
he roto el cáliz de la impaciencia.
La libertad como números rojos, entrelaza el saber y el fin de mi cortejo,

que entre tantas notas y ventanas surgió,
y hoy se deslinda en un ser invisible que danza por debajo de tu cuerpo,
cual paraíso prohibido,

Inhibido al vulgar plasmar de mis oraciones.
Las cuales comandan el afluente de mi poesía, hecha un arma secreta endeble capaz de

enamorarte perdidamente desde el alma,
y como en superficie intrigante y misteriosa,
que intento conquistar sin reparo a mis heridas.

LIV. Sangre para mí

Necesito ver al frente sin rebajarme,
aunque será imposible a pesar de aquellas notas.
Las cartas que te escribí por partes,
como señal de auxilio mientras el tiempo se agota.

Falta poco para dejar de palpar mis carnes
y cambiar la sensación de miedo por otra;
como un péndulo de río del deseo de matarme,
con el de esperar inminentemente una derrota.

Llorarás implorando que caiga la sangre,
en busca de salvar a este dizque genio idiota.
Y yo no haré más que sentirte e implorarte,
que aproveches mis momentos mientras mueren gota a gota.

LV. Primavera

El ojo del calor furtivo, plasmado en un nuevo tono hecho de verdes y violetas,
con la virtud de servir a miles de azucenas y tulipanes,
que acarician mi olfato en una vibra de nueva esperanza.

Una nueva vida...

Como el nacimiento de un árbol y sus raíces prematuras,
asimilo así el comienzo de otro ciclo,
caminando entre flores para volver a sentir los equinoccios de mi vida.

De rama en rama y de flor en flor.

LVI. Culpa

Maldita mi ignorancia
o bendita mi inocencia.
Bendecir ya no es acto de puros,
sino de valientes y tenaces,
quienes señalan con verdad
al verdugo de los hechos.

Pues esa es la culpa.
Aquella fluente que solo carcome,
y repara con odio y fervor,
el origen de un nuevo mañana.
A la espera de voluntades hermanas
que ahora desean vivir en paz.

Paz con uno mismo,
no con los que miran desde arriba
con un dedo en el sol y en tus frentes,
apuntando con calor el alma
de quienes viven por los tropiezos
y aprenden de sus caídas.

LVII. Corazón sin suerte

Fuimos lo que odiamos,
permanecimos distantes de ambos en uno,
negando el paso de lo que fluye en plena sangre fría.
Yo, que no supe ser rey,
quiero que gobiernes lo que pienso y lo que hago.

Nacimos en vista del destino,
nos separa mi deseo incontrolable.
Tus ojos castigan con odio al amor.
Tú, que no supiste amarme,
odias el amor de todos a todo.

Mírame en soledad y sufre,
el engaño es éxtasis frente a tus serenas.
Prefiero verte y no tocarte.
Nosotros, que no supimos ceder,
seremos condenados a un corazón sin suerte.

LVIII. Temor

Mis complejos erguidos,
mis manos que tiemblan.
Me duermo en mí mismo,
sueño con el final de mis tiempos vividos.

Espero a los mártires de mi presagio deseoso.
No suelo llorar por ellos,
ellos se quiebran por mí.
No merezco tocar sin ser tocado al fin.

Dormir espero entre noches de sequía
y cuando mis lazos más fuertes no se tensen.
Serán los toques de ira
los que me harán volver a nosotros.

LIX. Caminemos

Dame la mano hasta en el descenso;
ni la colina más empinada evitará
que mi calor se vuelva nuestro al tacto.
Un aleteo y seré tuyo por siempre.

Pon tus dedos en mi pecho
y observa el paisaje llamado NUESTRA VIDA.
El viaje recién empieza.
Borra mis huellas y plasma tus besos.

Sígueme a la luz que llama.
Seremos amos del destino.
Yo soy tu destino y tú el tiempo.
Nacimos para caminar unidos.

LX. Aves serenas

Serenos serán los cantos,
de las aves nerviosas,
que decantan mis caminos.

Mis nervios, al cantar,
decantan el camino
de las aves más serenas.

Las aves nerviosas
decantan su canto
al camino más sereno.

LXI. Amor del bueno

Solo amor del bueno,
el cual se engancha entre pálpitos quemados.
La tensión es fruto de los lazos mestizos,
entre tu piel blanca y mis carnes rojas.
Me resisto y más me enredo en tus labios,
entre tus redes de cólera excesiva
y sus tiempos más imberbes.

Solo amor del bueno,
que sana con gemidos,
y destruye con miradas.
Me calman tus besos de culpa,
mil auras corrompen las gotas
alegres de mi amor furtivo.
Vivir es sufrir contigo
y poder amar por ti.

LXII. Gavilán y golondrina

Yo tan galán y tu tan cortante,
tan temible como yo tenaz.
Gavilán y golondrina,
yo tan real como tú majestuosa.
Escasas plumas pero abundante celo,
hace de tu vuelo un cantar de pretendientes
expectantes a tu rigor y gracia.
A tus nobles gemidos solo dignos
de aves aladas o carroñeras.

LXIII. Baila, baila

Baila y baila mi colina,
estrecha y contendora a más no poder.
Yo a más no aguantar el sampleo de subida,
o su vida en brazos de un cielo lejano.

Siempre arriba como diosa,
escamosa y más en cada paso que doy.
Hacia ella, un centenar de ruiseñores caen
en sinfonía de un nuevo amor.

Con su suela conforma una sombra,
que a mi rosa más roja marchita.
Sin temor a soltar lágrimas como riegues
y atenta al placer del dolor ajeno.

Yo tan preso como ella inalcanzable;
su ego distante más me aparta de sí.
Corteja un rastro sangriento de cartas
y plegarias de un amante empedernido.

LXIV. Coqueta

No sé si lo hace por codicia
o le genera placer el agobio.
Aquel odio agravado que convocan sus pasos;
especialmente a mí,
otro gorrión a medio vuelo.
Despojado de tu calor y de tus brazos,
que sin nido por ahora vivirá.

Expectante del regocijo afligido,
de otros labios como alas;
blancas y aladas que aguanten los golpes,
los alaridos y las brisas fuertes.
No solo un escudo invisible de promesas y sonrisas,
que no hacen más que fingir amarme;
y me hacen pensar que, más que coqueta,
solo eres un poco malvada.

LXV. Sendero

Añoremos aquellos suelos paganos,
que como semilla y tierra nos fijan
entre los frutos erguidos de los días,
que nos hacen sentirnos más humanos.

Nos enseñan a sonreír y dar la mano,
transmitir en estos años la poesía
de tantas noches solitarias y frías,
que se vuelven sosiegos y salmos.

Como propiedad del tiempo arrendamos
el pasar del viento como sinfonía,
colocando mis recuerdos en armonías
hasta culminar en mis Domingos de Ramos.

Mi sendero en esta vida como primer plano
hago que valga en cada manía.
El camino alumbrado por huellas mías
que solo borrarán el paso de mis hermanos.

LXVI. Cómplice

El amor nunca antes complaciente
se vuelve cómplice y complicado,
pero siempre llenándome de ira.

No sé si se irá por siempre
o complacerá a otros cómplices
para desquitarse de estos complejos.

Espero complacer a tu ira,
siempre ser quien te complique
por mi complejo de amoríos.

Que tu amor ciegue estos complejos,
complique mis desquites de ira,
para ser tu cómplice por siempre.

LXVII. Cardúmenes

Unidos y hacia la misma dirección,
ese éramos tus almas gemelas y yo.
Como uno más entre el montón,
comiendo de tus caricias,
sin saber que eran sobras que entregabas a los primeros
para despreciar con migajas a los últimos del cardumen.

LXVIII. Caviar de alma

Qué has hecho, Celina,
para terminar entre cartas rotas,
miradas al vacío
y nervios expectantes a un cañón de fuegos infernales y
tétricos,
que comandan tu rendición.

Te conocí como guerrera,
te vi morir como cisne.
No por noble sino por mansa ante el juego del humor y la
tristeza,
el cual pierdes por cerrar los ojos
y culpar al corazón.

Deja de sentirte sosegada,
como el más caviar de alma;
por callar cuando te aturden y reírte de ti misma ante el
culpable,
que aún culpable será
después del perdón más precario.

Precario por indiferente,
por terco y obligado,
como salida del mal augurio de la culpa que nos hace pensar en
uno mismo,
mas no en los ajenos como
tú y yo.

LXIX. Bien y mal

No le deseo el mal al mal.
No le deseo el bien al bien.

No sé qué está bien o qué está mal.

Menos mal que no estoy bien.

LXX. Madre

Insolente protectora,
dadora de racimos de luz.

Me entregaste tus brazos
y ahora no te abrazas contigo misma.

Dejaste las lágrimas a mi sed egoísta,
profanaste tus deseos ante los míos.

Cambiaste las noches por juegos,
el sueño por angustias.

No valgo la mitad de lo que diste,
no soy la mitad de lo que eres.

Engendraste un pecado a deuda
con cuentas pendientes a futuro.

Espero honrarte en cada logro
o en cada nuevo amor que goce,

pues siempre serás eterna.
Mi madre,

solo hay una.

LXXI. Mirei II

Sentada nuevamente,
en medio de un eclipse de emociones,
Mirei condena el pasado y sus destellos
por los amoríos traicioneros de la playa,
sintiendo las resacas y el calor turbulento.

Niega el sentimiento ajeno y sus poderes,
las ve como maldiciones no propias,
que se preparan para disparar a las sienes
de ella y de sus aliados hermanos.
Entre ellos, su indiferencia y yo.

Aun así, resiste la pena con orgullo,
con madurez y clemencia por quienes la queremos.
Siendo ejemplo no solo de mártir sino de esperanza.

Otra cálida mañana nacerá de su perdón,
de sus ganas de vivir y de su emoción por compartir una nueva casta.
Esta vez conmigo y con sus buenos amores.

LXXII. 15

Entre tantos revoloteos y fuegos fatuos de mi mente,
he logrado encontrar no resguardo
sino impulsos coléricos a mi forma de ser,
a través de los más intrépidos aliados
que, sin miedo, afrontan la vida y la muerte en cada paso de sus caminos.

Fueron más que mis aliados o mis hermanos de armas:

Fueron mis amigos.

LXXIII. Finalmente

Finalmente,

con la ventisca que adornaba mi cuarto,
la clarividencia llegó a mis pies.
Y al sentirse inmersa entre tantas penas y augurios,
lo único que hizo fue explotar

con belleza, radiante y glamorosa.

Lo ínfimo se volvía palpable,
al saber que mis ojos no volverían a ser los mismos.
Pues corregí cada escaño mugriento de mi vida
con el puro son de mi paz emanante del deseo.

El deseo de ser feliz plenamente.

LXXIV. M-Rosas

Con el filo del mañana amenicé la espera,
no de cualquier mensaje del pasado,
sino de aquel que me devuelve a los recuerdos y las rosas,
aquellas memorias a tu lado.

Tal vez el sosiego del tiempo bendijo en mí
la suerte fortuita de gozar de tu compañía.
Ella me dio los brazos y la firmeza para cuidarte, Micaela,
y los ojos para admirar tu pureza por el resto de mis días.

El centenar de alegrías que me brindaste
las devuelvo en pieles de versos y prosas,
rogando a la vida misma nunca separarme
ni de ti ni de tus auras de belleza.

Como hermana de sangre te aprecio y protejo,
como niño asustado recurro a tus abrazos.
En unas cuantas formas mías te agradezco,
pero en todas aquellas te amo.

LXXV. Tensiones

Me conozco
y sé del traspasar de la ansiedad.

También de cómo los vientos de invierno sin cesar
interceden en el vaivén de mi esperanza.

Esperanza escasa por lo que vendrá mañana,
el tener que decirle a mi madre lo que fui.

Remordido por la negación y la culpa.
El mal mayor crece hasta llegar a mis pies,
sin suavizarse por las fraguas de la noche que se avecina.

Sale el sol y espero paciente.
Colérico a la vez por la tensión sobre mi cuello,
cual soga de hiedra y hoja filada,
que mata y no apacigua lo que está por llegar.

El sol sale y el destino se pronuncia.
Es hora.

LXXVI. Extrañándote

Sobrepasé abismos y escarmientos,
todos audaces pero fatídicos;
ninguno mayor a la rutina de escribirte.
Aquella que cada vez se vuelve
un tedio incesante y soberbio,
que hace mis llantos sopranos.
Unos cantares de agonías dedicadas,
a tu adiós y a mis nuevos poemas,
porque siempre estaré cómodo.
Sintiéndome un arrepentido sin causa,
delirando en el daño que pienso que te hice,
e ignorando el que sin reparos me hiciste.

LXXVII. Los cuervos de mi alcoba

Ni el rezo de mis madrugadas soporta el aleteo
de los cuervos de mi alcoba en pleno amanecer.
Criaturas de pena que invocan a los demonios que leo,
recargando mi amargura en una inspiración y poder.

Con sus plumas, mis mejores obras moldeo;
cuadros y poemas de color atardecer.
De sus picos aprendí a sopesar el dolor más feo,
de quien me hizo clavar una estaca en cada verso que engendré.

Luché contra ellos hasta convertirme en su Perseo,
usándolos como escudo ante el falso valor de la fe,
con el fin primordial de entender sus motivos y mareos,
de llevar en sus vuelos mi sufrimiento hecho placer.

Son cada vez menos las aves que reposan en los pareos.
Entre ellas, unos que otros cuervos del ayer.
Reconozco el furor de sus malos deseos,
como los artífices encarnados de mi despiadado ser.

Algún día moriré solo después del mausoleo,
y seré recogido por aquella escolta que me ayudó a crecer.
Serán los cuervos de mi alcoba, en su último recreo,
quienes despedirán a su hijo como el día en que lo vieron nacer.

LXXVIII. Juez

Prestemos atención,
como si de una lección se tratara,
a la magnificencia de la objeción
y a la ligera brecha que abre entre el hombre y el juez,
que permite exaltar tus rostros verdaderos ante el calor de esa prisión.

Sigo sintiendo rencor hacia el juez,
aquel que dictamina lo que está bien y está mal.
No es un ente,
mucho menos un aura espiritual.
No es una persona,
son muchas.
Todas las que alguna vez se atrevieron a resguardar entre cadenas
lo que siempre mereció ser libre.
Libre como el viento ante mis párpados
o tu ser endeble en aquellas tertulias,
que tanto me enamoraba,
que tanto deseaba fuese eterno y transparente.

Entre tantos martillos y prejuicios de los de arriba,
solo nosotros entendemos lo que es vivir como nosotros.
Y deseo para nosotros
nunca perder esa esperanza.

LXXIX. El último trigal

Pastan y pastan los borregos,
los últimos granos de trigo en mi rancho.
Casi como presagio de que se avecina el invierno
y que el viejo pastor por fin podrá descansar
en paz con sus auras,
en compañía de sus tierras y animales.
Todo lo que siempre necesitó para ser feliz.

LXXX. Princesa

Mal educada y rabiosa mujer,
anillando su próxima parada,
frente a un burdel de lujos y placeres
que no merece ni dar cuenta.

En cada cuadro de tu persona,
absorbo una pizca de tu nobleza.
El estallido del viento en tus vestidos,
corrompe mi pesar y lo vuelve gratitud.

Solemnemente te juro lealtad impoluta,
por ser la única guardiana de mis noches
y jueza de mis torpes mañanas.
Mañanas coronadas por un hechizo fugaz.

Pretendo aprehenderme a tus cabellos como aquella tiara
y ser tu príncipe azul hasta que el cuento lo dicte.

LXXXI. Almohada

Otra nube de estrellas por tener la nuca recogida en mi almohada,
basada en plumas de cisnes negros.
A juego con mis sueños y esperanzas,
solo dominadas por el silencio del sueño
y la calma de un mañana posado.

En ella duermen los peores demonios jamás presenciados por el hombre;
o, para ser honesto,
un hombre.

LXXXII. Tendido en el cielo

¿Habrá sido este mi último recorrido?
Lo cierto es que fue extenso como ninguno.
Anduve repartiendo migajas a todo ser querido,
a cada pasajero de mi tren,
como monedas en la puerta.
Cada una de ellas contenía un pedazo de mí,
un pedazo de mi amor sin condición ni fronteras.
Para que pudieran usarlo y aferrarse a él
en los momentos en que me necesitaran;
pero no pudiesen abrazarme ni llorarme de frente,
y es que, a partir de ahora, los miraré desde arriba
con un ojo puesto en sus almas y otro en mi descanso eterno.
Así podré estar finalmente tendido en el cielo
como su ángel de la guarda, cuidándolos para siempre.

LXXXIII. Frío

Sentí aquel abrazo como un adiós,
no por la persona sino por la frialdad.

Logré diferenciar aquel toque cesante,
efímero como ninguno.

Siempre esperé de él el más acogedor de los regalos,
incluso algún estallido de su alma en recompensa por mi querer.

A cambio, recibí las espinas a media punta
de una rosa que muere en la nieve.

El llorar de un puñado de nubes negras,
para que no deje de llover jamás en mis recuerdos.

Un amaño del destino como juego de azar,
la evidencia de mi desgracia hecha traición.

Ver a mi alma gemela torcer mis esperanzas,
sintiendo su amor mediocre sobre mi espalda.

Lo consideraré enfermizo y atroz;
tendré claro mi desprecio hacia él cuando cambie el clima.

Pero ahora no,
por ahora solo hace frío.

LXXXIV. Joqui

¿Acaso lo hicimos bien?

Seguro que sí.
No llevo una pizca de duda.
Estoy en paz con el amor que dimos
y el que recibimos de ellas.

¿Y por ellos?

Ellos siempre estarán;
sin alejar mucho la vista, los verás.
no podrás evitar reírte como antes
y quererlos como nunca.

¿Qué pasará con los de adentro?

Son lo que soy yo,
somos lo que somos gracias a ellos.
Vivir y morir a su lado es la misión,
y falta mucho por recorrer...

LXXXV. Nunca mío

Ya ni puedo sentir cuando sonrío,
por mi falta de amor y de orgullo.
El libro aún no culmina y ya me siento vacío.
Sé que tú lo hiciste, pero el cómo ni lo intuyo.
Déjame solo que ya hace frío;
ya no siento, ya no espero, ya no huyo.

Finalmente fue como decías:

nunca mío,
siempre tuyo.

LXXXVI. Summer

No sé cómo decirte que abrigas mis mañanas,
que eres mi verano eterno.
No paro de pensar en tu brillo sobre mi piel,

tan candente como la brisa en la arena.
Más pura que agua marina
y radiante como el sol naciente de las tres.

Un año entero estaré esperando a que vuelvas a mí,
contando girasoles y hojas otoñales.
Todo para sentir tu calor otra vez.

LXXXVII. Winter

Ya sé cómo decirte que solo enfrías mis noches,
que eres el maldito invierno temprano.
No puedo librarme de tus vientos turbios,

tan helada y soberbia como una loba.
Aún más indiferente que el hielo seco de las tundras
y tiesa por el escudo de tu pecho nevado.

Con ansias, invoco lo que queda del año,
llenándome de paciencia e hirviendo entre plegarias.
Todo para no sentir tu frialdad nunca más.

LXXXVIII. Curarte

Ahora el techo es más una costumbre que un escape.
Al principio fue de berrinche,
se volvió rutinario al verte siempre gritando en la cocina.
Tu conciencia más sucia que los trastes
inhibían todo respeto y cariño que sentía por ti.
Y ahora que el ocaso lo demanda,
mi adiós se avecina inminentemente.
No se trata de luchar o rendirme por nosotros
sino de curarte,
lo cual, cada día, me enferma aún más.

LXXXIX. Dulce niña

Por primera vez
estoy mirando a los bajos,
orquestado lujuriosamente
por una dulce niña de ojos café;
quien me enseñó un mundo,
no solo desconocido sino inusual.
Pues a mis textos les dediqué mi infancia
y en el rastro perdí la inocencia.
El gozo y el asombro de los jóvenes de hoy.

A través de ella, aprisioné aquella parte de mí
que limitaba lo fantástico,
no solo en mi arte sino en mi vida.
Lo cual ahora se complementan
por la bendita culpa de aquella princesa,
quien hizo que sonriera
como en los tiempos pasados;
donde todo era más simple,
donde todo era más mágico.

XC. Guerra y tinta

Desde el primer peñasco fuera de la línea roja,
observo el conflicto medieval que no cesa desde hace semanas.
Las noches no dejan de hacerse agónicas por tu ausencia.
El drama bélico interfiere en la pasión de dos clásicos amantes contemporáneos.
Y me indigna saber que pronto me uniré a aquellos carrileros de la muerte
y pelearé no por tu amor sino
por el bien de mentes cortas, sentados en muebles de importe
que beben en copas de plata.
Una vez más, la humanidad priva del arte y hace la guerra.
Otro escaño en nuestra historia, cegada como si no hubiese chance de que fuese el último.

En fin.
Espero, mi señora, que corrija en los hijos futuros las carencias de nuestros padres.
Dios nos salve de más querellas infundadas.

Cuídese mucho,
tal vez sea esta mi última misiva.

23/10/1942

XCI. Tintoretto

Por milésima vez, se reúnen los más distinguidos comensales
en la más infame de las ocasiones.
No es una plática cualquiera,
pues hemos deformado la tertulia en un compartir de emociones
acompañadas de alcohol y tabaco.
Y así deleitarnos con nuestra compañía una vez cada tanto,
calmar las penas y sanar con risas las heridas del pasado.

Todo ello nace y se queda en Tintoretto,
lugar de una sagrada familia;
donde no falta nunca un espacio en la mesa para quien demuestre lealtad,
donde se viven las más sinceras y arrebatadas aventuras.

Para algunos es un santuario;
para otros, un manicomio;
para mí, un hogar.

XCII. A tus cortinas (primero)

Por tanto escribirte dolido,
me quedé sin cartas y sin minas.

Tantas canciones de corte depresivo
en aquel entonces eran solo rimas.

Aunque fui solo un amigo,
me esmeré en cortejar aquella dama mezquina.

Tocando frente a tu ventana erguido,
me ignoraste de forma repentina.

Siempre compuse serenatas sin oídos,
que no fueron para ti sino para tus cortinas.

XCIII. El marqués

Sin necesidad de trompetas ni alfombras,
ingreso a cada salón como una eminencia,
con la barbilla en alto, suspirando aires de grandeza.

Entre las miradas no existe cuestión alguna:
aquel que ose dirigirse a mí, debe ganárselo;
y lograr rebatir entre palabras cada uno de mis escritos.

Tal vez evidenciar lo fútil que aparentan ser
o lo falsos que se oyen al proclamarlos en alto,
para desacreditar en vena el esfuerzo de una vida.

De momento, siguen sin lograrlo.
Ni mil intentos podrán frenar mi arrogancia,
ni el derecho de sentirme el nuevo marqués de la poesía.

XCIV. Un paso más

Como todo en esta vida,
debemos ser recurrentes.
Sobre todo a la lentitud del progreso
que forja héroes tolerantes.

No hay mayor verdad
tal como Jaime relinchaba en cada tropiezo:
«El éxito radica en quienes prosperan pacientes».

No fueron sus palabras, pero
sé que siempre quiso que lo entendiera.
Aún ahora que empiezo por dar un paso más.

XCV. Medusa

Fui indultado y sin permiso
de la tarea de enfrentarte
en la lucha por tener el control de mi alma.
Yo que quería un corazón sincero
y tú conjurarlo para tenerlo a tu merced.

Siempre hermosa y pura hasta el día de tu rendición,
donde descubrí tus juegos y prisiones;
desencadenando a una diosa malvada
con caricias de cortes y alambres,
y un despiadado corazón de piedra.

XCVI. Hombre del espacio

Salté a este viaje sin pensar que el último sería
y que el mareo de mis sueños serían las estrellas a lo lejos,
como portales bioluminiscentes hacia un destino mejor.

El mundo fuera de la nave se torna diminuto.
El mar hace contraste con lo oscura que es la inmensidad.
Perplejo, yo, al ver mi universo en todo su esplendor.

Por primera vez siento que soy Dios,
Mortalmente condenado a arrepentirme por los ojos de mi
amada y de mis hijos,
de quienes no pude despedirme.

Solo al contemplar el paisaje nos adherimos al frío,
no por clima sino por desolación.
Los juicios de mis colegas pierden hasta la luz del sol radiante.

Finalmente, fuera de órbita y sin regreso,
se resguarda la esperanza de volvernos uno con el espacio,
descansar a flote y viajar para siempre.

XCVII. Mariposas

Tal cual revolotean mis emociones en comparsa,
conjugando mariposas de todos los colores.
Un flexo de arco y un iris compacto
que hace que la luz vecina interne en sí.
Las brechas de mi amor y su calor tan fuerte.

Otro desfile de luciérnagas se interrumpe,
pues mi luz y el aleteo de mis mariposas opacan todo brillo.
Tendré el honor de llamarlo felicidad o motivación,
pero prefiero llamarlo TIEMPO.

Pues luciérnagas y mariposas mueren por igual.
prefiero disfrutar de una luz potente pero pasajera,
que un destello precario por el resto de mi vida.

XCVIII. El racimo en tu puerta

Sin mucho que añadir,
llegó la hora de descansar.
Solo hace falta una tarea
y habré logrado eximir la culpa de no haberte escrito tanto
como deseé.

Nuestra puerta se sigue viendo igual,
mismos colores y aura;
nunca antes tan especial para mí,
pues ahora es solo tuya.

Tal vez es tarde para resarcir los escaños,
las tardes sin perdones y los domingos sin abrazos,
pero nunca daré paso atrás para un nuevo comienzo.
eso lo juro.

Ojalá te den temprano el recado,
que fui yo quien dejó el racimo de rosas en el tapiz frontal,
con una carta que decía: «Estas son para ti».

XCIX. Viva la muerte

«El pecado no se castiga, se perdona. Así, hasta los corrompidos pueden llegar a aprender del error en vida».

Fueron esas las palabras del mesías la última vez que habló conmigo.
Digo la «última» pues dudo a creces que exista otra oportunidad.
Incluso su falacia del «perdón» es incapaz de eludir lo mucho que pequé,
lo mucho que maldije.

Además, sus palabras me parecieron blasfemas,
ni él mismo daría otra de sus vidas por ellas.
Pues al ser tan sabio comprende la agonía de vivir,
el peso de la desgracia del mortal.

Y es que en el libre albedrío también existe el camino hacia el dolor y la tragedia.
Algo por lo que se termina rechazando a Dios
y esperando con ansias la llegada de la «muerte».

C. Sombras que alumbran

Le dije a mi padre entre sollozos
que creía no ser suficiente para llenar sus zapatos,
sintiéndome menor al desdén de su indiferencia.
El pesar de mi ansiedad, devorando al niño amaestrado,
solo me hizo pensar en la sombra dizque eterna,
sin rastro de cortes de luz o esperanza.
Aquella que me acompañó en cada paso,
en cada salto y estampida,
y sobre todo en cada trazo de este libro.

Sin aún entenderlo,
como cobijo oportuno,
mi padre sonríe soberbio.
No arrogante por él,
sino orgulloso por mí y lo que pronto seré.

Yo extendido en un vacío sin encontrar soporte,
anhelo alcanzar un plano viviente a pura plenitud,
sin contar con las vigas que la tristeza forja en mi ser.

Yo no lo entendía,
no quería entenderlo,
pero mi padre sí.

Algunos lo llaman vida;
otros, sombras que alumbran.

LECTURAS RECOMENDADAS

Volver a sonreír (José Araya)

Todas las manos (Mario Rucci)

Ave fénix. Poesía inspirada (Adrián Cerratto Quintana)

Memorias de un sauce llorón (Uldarico Posada Santos)

www.ingramcontent.com/pod-product-compliance
Lightning Source LLC
LaVergne TN
LVHW041042150826
845672LV00001B/437

* 9 7 8 6 1 2 5 1 1 2 6 0 6 *